Anna Möss

Die ABC-Lernwerkstatt

Band 4

W0329776

Lesetexte zu jedem Buchstaben

56 Kopiervorlagen mit weiterem Ergänzungs- und Übungsmaterial

KOHL VERLAG
Der Verlag mit dem Baum
www.kohlverlag.de

Die ABC-Lernwerkstatt - Band 4
„Lesetexte zu jedem Buchstaben"

1. Auflage 2005

Inhalt: Anna Möss
Illustrationen: Margit Sillaber & Anna Möss
Satz: Kohl-Verlag
Druck: farbo Druck, Köln

Bestell-Nr. 10 551

ISBN: 3-86632-551-7

Inhalt

KOHL VERLAG Der Verlag mit dem Baum www.kohlverlag.de
Die ABC-Lernwerkstatt - Band 4
Lesetexte zu jedem Buchstaben - Bestell-Nr. 10 551

Vorwort

Die Lesetexte

Die angebotenen Lesetexte in den Bänden 3 und 4 der Serie „Die ABC-Lernwerkstatt - Fröhlich lesen lernen“ sind ein Versuch, den in den letzten Jahren häufig zitierten Satz „Lesen lernt man durch Lesen“ praktisch zu verwirklichen. Und die Erfahrung zeigt, dass auch Schulanfänger lesen am leichtesten durch Lesen erlernen. Durch Texte, die ihrem Auffassungsvermögen entsprechen, werden sie immer von neuem motiviert, selbst zu versuchen, die zu den Bildern gehörenden Texte zu entschlüsseln, so dass Lesen üben eine unterhaltsame und fantasievolle Arbeit sein kann, weil nicht jeder Text bis zum Überdruss wiederholt wird.
Durch einfache Lesestoffe wird die Leselust beim Üben geweckt, wobei Leseschwierigkeiten leichter überwunden werden. Nach dem Motto „Statt einen Text zehnmal zu lesen, liest man zehn Texte lieber nur einmal“ wird das Lesen lernen intensiv gefördert, denn der unbekannte Inhalt steigert die Spannung und erhöht die Aufmerksamkeit.
Die vielen Wiederholungen in den Lesetexten verhelfen dem ABC-Schützen zu schnellerem Leseerfolg und dadurch zu mehr Lesefreude. Durch abwechslungsreiche Aufgabenstellungen wird die Neugier und die Leistungsmotivation der Schüler auch beim Lesen einzelner Wörter gefördert.
Zu Beginn einer jeden Leseeinheit sind die Lesetexte meist recht einfach; sie werden aber zunehmend umfangreicher und schwieriger. Die Lesetexte werden meist als Folie angeboten. Anschließend kann die Lehrkraft dann entscheiden, welchen Text sie den einzelnen Schülern auf Arbeitsblättern zum Weiterüben als Hausaufgabe zumuten kann. Die Texte können auch auf Karton geklebt, eventuell mit Folie überzogen werden. So können die Schüler sich selbst unterschiedlich schwere ihrem Leseniveau entsprechende Leseaufgaben heraussuchen.

Wir wünschen Ihnen viel Freude und Erfolg mit dem vorliegenden Übungsmaterial!

KOHL VERLAG Der Verlag mit dem Baum www.kohlverlag.de
Die ABC-Lernwerkstatt - Band 4
Lesetexte zu jedem Buchstaben - Bestell-Nr. 10 551

Aa  Apfel

	Apfel		Ananas
	Affe		Aster
	Ampel		Ast

Der Apfel fällt nicht weit vom Baum.
Gespenster gibt es nur im Traum.

Die ABC-Lernwerkstatt - Band 4
Lesetexte zu jedem Buchstaben - Bestell-Nr. 10 551
KOHL VERLAG Der Verlag mit dem Baum
www.kohlverlag.de

Aa  Apfel

Annina  hat Angina  .

Die Mutter holt den Arzt  .

Der  sagt: „Guten Tag!

Ich bin schon da!

 sag ganz laut **A** !

A , du hast  !

Das ist schlimm  !

Nimm nun diese Pillen ein!

Bleib drei Tag' im  ! Dann heilt

die  , und du wirst froh  ."

Bald wird  wieder gesund.

Sie malt einen  , eine  , eine  ,

einen  und einen  . Dann

liest sie **Aa** mal lang und mal kurz:

AaaAaaAaaaaAaaAaaAaaAaaaaA

Die ABC-Lernwerkstatt - Band 4
Lesetexte zu jedem Buchstaben - Bestell-Nr. 10 551
KOHL VERLAG Der Verlag mit dem Baum
www.kohlverlag.de

Ii  Igel

Ia ia ia ia Iaa Iaa i a

Der Igel, der Igel,
der sieht sich heut im Spiegel.

Die ABC-Lernwerkstatt - Band 4
Lesetexte zu jedem Buchstaben - Bestell-Nr. 10 551
KOHL VERLAG Der Verlag mit dem Baum
www.kohlverlag.de

Mm  Mama

Mama	Mami	Mimi	Mia
Mami	Mama	Imi	Ima

Die Mama liebt das Kind.
Das Kind liebt die Mama.

Die ABC-Lernwerkstatt - Band 4
Lesetexte zu jedem Buchstaben - Bestell-Nr. 10 551
KOHL VERLAG Der Verlag mit dem Baum
www.kohlverlag.de

Mm  Mama

Mi-mi-ma, mi-mi-ma,

Ma-ma, ma-ma, mi-mi-ma,

Ma-ma-mi, ma-ma-mi,

ma-ma, mi-mi, ma.

Lesen und auf die Melodie „Hänschen Klein“ singen.

im	am	im	am	am	im

im	am	am	im	im	am

Die ABC-Lernwerkstatt - Band 4
Lesetexte zu jedem Buchstaben - Bestell-Nr. 10 551
KOHL VERLAG Der Verlag mit dem Baum
www.kohlverlag.de

Oo  Oma

Oma ist am  .

Am  ist Oma.

Mama ist am  .

Am  ist Mama.

Momo ist im  .

Im  ist Momo.

Mia ist im  .

Im  ist Mia.

Meine Oma ist so lieb,
wenn es nur so weiter blieb!

Die ABC-Lernwerkstatt - Band 4
Lesetexte zu jedem Buchstaben - Bestell-Nr. 10 551
KOHL VERLAG
www.kohlverlag.de

Oo  Im Kaufhaus

Mama Momo Amo Imo Oma

Momo Oma Oma Mama Imo

Die Schüler lesen den Namen und erzählen in Sätzen, was die Menschen machen.

Die ABC-Lernwerkstatt - Band 4
Lesetexte zu jedem Buchstaben - Bestell-Nr. 10 551
KOHL VERLAG Der Verlag mit dem Baum
www.kohlverlag.de

Ll  Lama

Am See 

Mimi ist am  .

Lili ist am  .

Im  ist eine Li-li-la-la  .

Im  ist ein Li-li-la-la 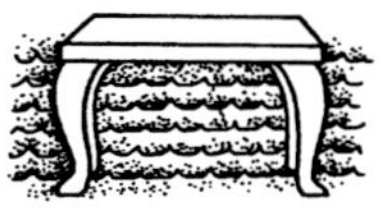 .

Im  ist ein Li-li-la-la  .

Im  ist eine Li-li-la-la  .

Mama ist am  .

Lilo ist am  .

Am  ist ein Lamm.

Li-la-la, la-li-li, li-li, li-li,

Das Lama kommt aus weiter Ferne.
Im Zoo seh`n es die Kinder gerne.

Die ABC-Lernwerkstatt - Band 4
Lesetexte zu jedem Buchstaben - Bestell-Nr. 10 551
KOHL VERLAG
www.kohlverlag.de

Ll

Auf dem Rummelplatz

Mia Lia Ali Ami Mama

Lesen der Namen und beantworten der Fragen in ganzen Sätzen.

Wer schwingt auf der Schiffschaukel hin und her? Wer dreht sich im Karussel? Wer fliegt mit dem Riesenrad durch die Luft? Wer kauft ein Eis? Wer dreht das Glücksrad? Wer kauft einen Luftballon? Wer kauft warme Würstchen? Wer verkauft Lose? Wer kauft Zuckerwatte? Wer sitzt an der Kasse?

Die ABC-Lernwerkstatt - Band 4 - Bestell-Nr. 10 551
Lesetexte zu jedem Buchstaben
KOHL VERLAG
www.kohlverlag.de

Tt  Tisch

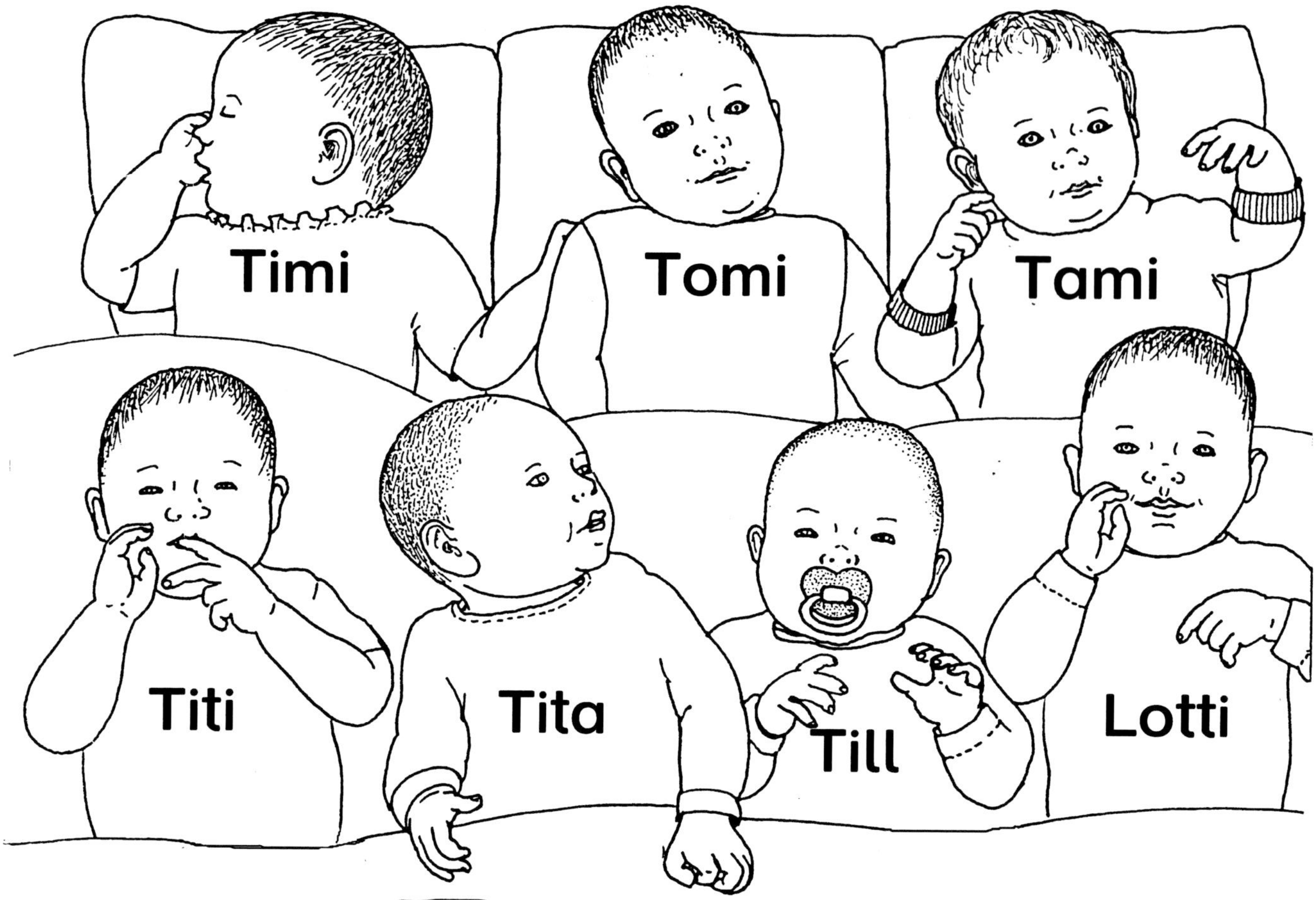

Tam ta-ta tam,
ta-ta tam tam tam!
Tom ta-ta tom
ta-ta tom tom tom!
Tim ta-ta tim,
ta-ta tim tim tim!

Wir sitzen oft am Tisch,
und essen frischen Fisch.

1. Zeige ein Baby, lies, wie es heißt, was es sagt. Sage, wer neben (vor, hinter) ihm liegt.
2. Das Lesen des Textes wird mit rhythmischem Klatschen (Kopfen, Stampfen) begleitet.

Die ABC-Lernwerkstatt - Band 4 - Lesetexte zu jedem Buchstaben - Bestell-Nr. 10 551
KOHL VERLAG www.kohlverlag.de

Nn  Nashorn

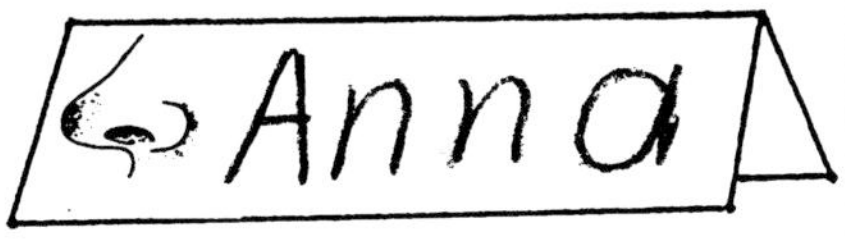

Ina malt Nina mit  .

Nina malt Nino mit  .

Nino malt Anton mit  .

Toni malt Ina mit  .

Anton malt Anna mit  .

Dem Nashorn wächst ein spitzes Horn
auf seiner dicken Nase vorn.

Die ABC-Lernwerkstatt - Band 4
Lesetexte zu jedem Buchstaben - Bestell-Nr. 10 551
KOHL VERLAG Der Verlag mit dem Baum
www.kohlverlag.de

Nn  In Not ?

 nimmt Oma  mit.

 ist nett.

 ist in Not.

Nina ist am  .

Nina ist in Not.

O, Nina, Nina!

Ist Moni toll?

Moni ist in Not.

O, Moni, Moni!

O, Ata ist so nah!

Nino ist in Not.

Talli, talli, Nino!

Die ABC-Lernwerkstatt - Band 4
Lesetexte zu jedem Buchstaben - Bestell-Nr. 10 551
KOHL VERLAG
www.kohlverlag.de

Uli malt einen U-Wörter-Turm

Und der ruft immer u-u-u.

Auf die  malt sie einen 

Auf die  malt sie eine 

Auf den  malt sie eine 

Auf den  malt sie einen 

Auf die  malt sie einen 

Auf das 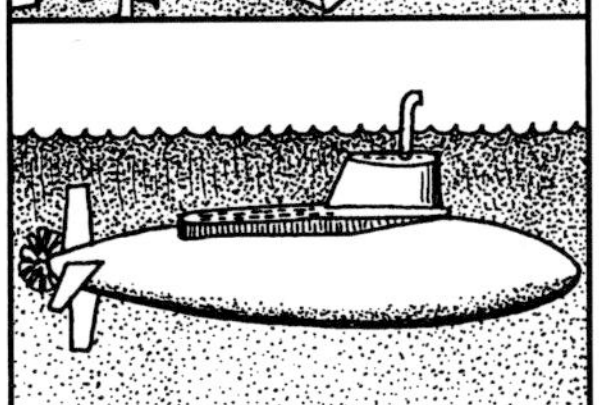 malt sie eine 

Auf die  malt sie ein 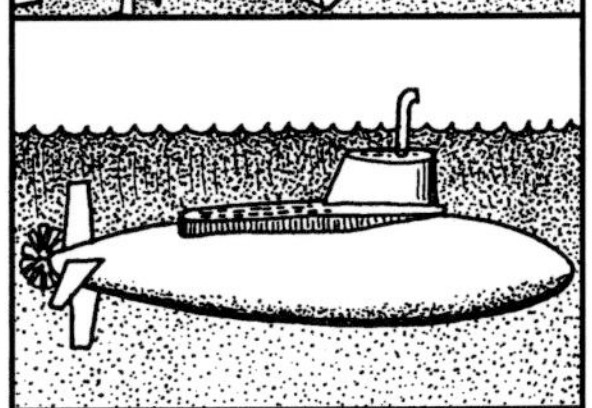

Erst malt sie eine 

Lies die Seite von unten nach oben!

Die ABC-Lernwerkstatt - Band 4
Lesetexte zu jedem Buchstaben - Bestell-Nr. 10 551
KOHL VERLAG Der Verlag mit dem Baum
www.kohlverlag.de

Uu  Uhu

Uli ist am  .

O, Uli ist in Not!

Uli, Uli!

Tum! Uli ist unten.

O, Uli, Uli!

O, o, o!

Muli nimmt Uli mit.

Uli nimmt Umo mit.

Umo nimmt Titi mit.

Nun tollt Uli.

Uli tollt mit Muli.

O, toll, Muli!

Die ABC-Lernwerkstatt - Band 4
Lesetexte zu jedem Buchstaben - Bestell-Nr. 10 551
KOHL VERLAG
www.kohlverlag.de

Ee

Esel

Alle malen lila an.

Emil malt A lila an.

Lena malt E lila an.

Lene malt O lila an.

Leni malt U lila an.

Leo malt Enten lila an.

Lea malt Tannen lila an.

Ela malt Tomaten lila an.

Anne malt Emu lila an.

Malt Tante Emma lila an?

Ne! Tante Emma malt Enten.

Esel fressen Nesseln nicht,
Nesseln fressen Esel nicht.

Die ABC-Lernwerkstatt - Band 4
Lesetexte zu jedem Buchstaben - Bestell-Nr. 10 551
www.kohlverlag.de

Ee  Esel

Nena
Lena
Leni
Lene
Emil
male

Ele, mele, mo,
Emil, male O!
Ele, mele, ma,
Lene, male A!
Ele, mele, me,
Nena, male E!
Ele, mele, mu,
Ute, male U!

Die ABC-Lernwerkstatt - Band 4
Lesetexte zu jedem Buchstaben - Bestell-Nr. 10 551
KOHL VERLAG Der Verlag mit dem Baum
www.kohlverlag.de

Ei ei 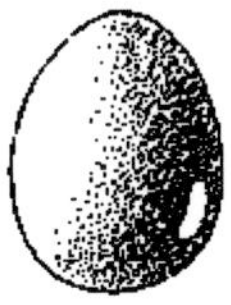 Ei

Leila malt

ein 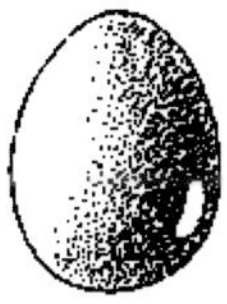 , ein  , ein  ,

eine , eine  , eine 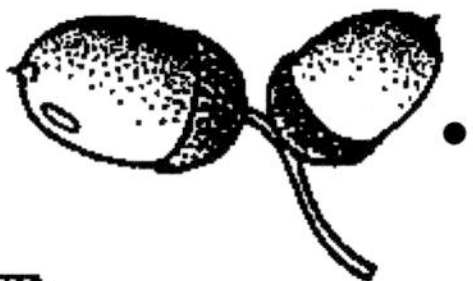.

Nun eilt Leila in eine  .

Ei, eine  ist am 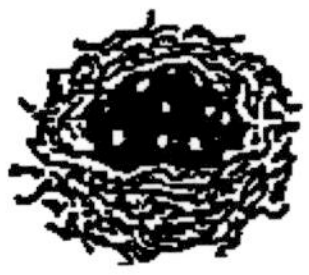

Mama, Mama, eile!

Ein Ei ist im 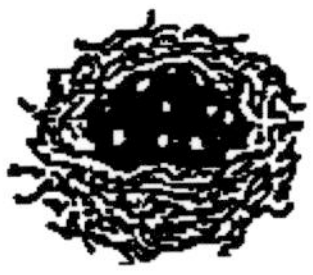

O, nun ist ein Ei im  !

Mein Ei ist im 

M-m-m!

Nini, nani, nei
der Emu legt ein Ei.

Die ABC-Lernwerkstatt - Band 4
Lesetexte zu jedem Buchstaben - Bestell-Nr. 10 551
KOHL VERLAG Der Verlag mit dem Baum
www.kohlverlag.de

Ss  Sonne

Du kannst nun lesen und uns sagen, welches Kennzeichen ein bestimmtes Kind auf seiner Namenskarte hat. Wer sitzt neben Sissi? ...

Die ABC-Lernwerkstatt - Band 4
Lesetexte zu jedem Buchstaben - Bestell-Nr. 10 551
KOHL VERLAG Der Verlag mit dem Baum
www.kohlverlag.de

Ss  Sonne

Sum, sum, sum,

 summe summm!

Summe leise,

summe leise!

Summe leise,

leise, leise!

Sum, sum, sum,

 summe, summm!*

*Den Text „Sum, sum, sum.....“ kann man auch auf die Melodie „Sum, sum, sum, Bienchen sum herum“ singen!

eine Meise

eine Amsel

Eine Meise ist im Nest.

Eine Amsel ist am Sims.

Die Sonne scheint am Himmelszelt
und erwärmt die ganze Welt.

Die ABC-Lernwerkstatt - Band 4
Lesetexte zu jedem Buchstaben - Bestell-Nr. 10 551
KOHL VERLAG Der Verlag mit dem Baum
www.kohlverlag.de

Rr  Roller

Roman, Reini rollen,
Los, Roman, renne!
Rolle Reini, rolle!
Roman, Reini rasen.

Rosi rollt mit.
Rosi rollt toll: Rrr!
Ri, ra, ro! Ri, ra, rum!
Immer toller!

Nanu, Rosi?
O, mein Roller!
O, mein Arm!
O, meine Nase!

Rosi muss ins  .
Mama umrollt Rosis
Arm. Rosi ist so matt.
Arme Rosi!

Die ABC-Lernwerkstatt - Band 4
Lesetexte zu jedem Buchstaben - Bestell-Nr. 10 551
KOHL VERLAG Der Verlag mit dem Baum
www.kohlverlag.de

Au au  Auto

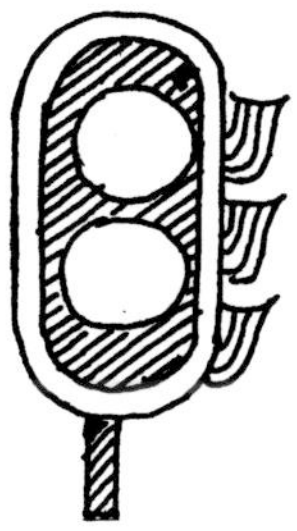

Autos sausen.
Es ist so laut.
Eine  ist rot.

Aurel rennt.
Ein Auto saust heran.

Au! Au! Au!
O, armer Aurel!

Retter eilen
mit einem 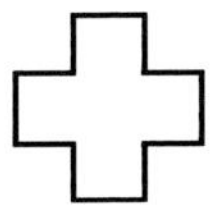 Auto.

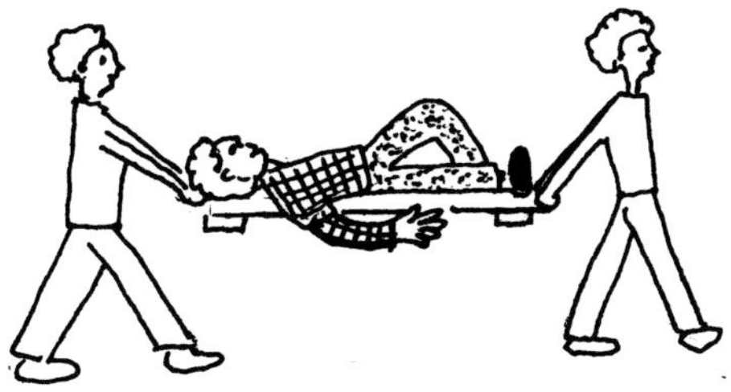

Retter retten Aurel.
O, sein 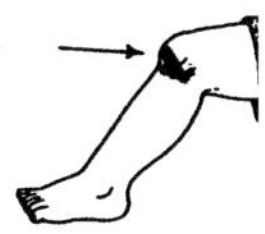 ist verletzt.
Armer, armer Aurel!

Sause Auto, sause
fahre mich nach Hause!

Die ABC-Lernwerkstatt - Band 4
Lesetexte zu jedem Buchstaben - Bestell-Nr. 10 551
www.kohlverlag.de

Au au  Auto

Mia maust

Miau, miau, miau!
Mia soll mausen.
Mia lauert.

Nun rennt eine Maus.
Eile Maus!
Renne Maus!

Mia saust um eine Maus.
1, 2, 3, Mia ist an
einer Maus.

O, eine Maus
ist in Mias Maul!
Arme, arme Maus!

Die ABC-Lernwerkstatt - Band 4
Lesetexte zu jedem Buchstaben - Bestell-Nr. 10 551
KOHL VERLAG
www.kohlverlag.de

Ww  Wind

Wir malen - wir reimen

Winne, wenne, wonne,
wir malen eine Sonne.

Enne, inne, Anne,
wir malen eine Wanne.

Nun malen wir einmal
im Wasser einen Wal.

Wusel, wasel, waus,
wir malen eine Maus.

Der Wind, der Wind,
das himmlische Kind.

Die ABC-Lernwerkstatt - Band 4 - Bestell-Nr. 10 551
Lesetexte zu jedem Buchstaben
KOHL VERLAG Der Verlag mit dem Baum
www.kohlverlag.de

Hh  Hase

ha-ha he-he hi-hi ho-ho hu-hu

Hi-hi-hi!

Ho-ho-ho!

Hu-hu-hu!

Ha-ha-ha!

ein Haus
eine Hose
ein Hase

ein Uhu
eine Henne
ein Hammer

Die ABC-Lernwerkstatt - Band 4
Lesetexte zu jedem Buchstaben - Bestell-Nr. 10 551
KOHL VERLAG
www.kohlverlag.de

Hh  Hase

Wo waren einmal Dinos?

Dinos waren damals an Land.

Dinos waren im Wasser.

Dinos waren im Urwald.

Nun sind leider alle Dinos tot.

Dani sammelt allerlei mit Dinos.

Tassen, Teller, Dosen, Hemden....

Und was sammelst du?

Di-lo-du, di-lo-du, di-lo-du, dum!
Der Dino, der Dino, der Dino eilt herum.

Die ABC-Lernwerkstatt - Band 4
Lesetexte zu jedem Buchstaben - Bestell-Nr. 10 551
KOHL VERLAG Der Verlag mit dem Baum
www.kohlverlag.de

Hh In der Hasenschule

Lies wie der Hase heißt und erzähle, welches Kennzeichen er auf seiner Brust hat.

Erzähle, wer neben, vor, hinter X sitzt.

Die ABC-Lernwerkstatt - Band 4
Lesetexte zu jedem Buchstaben - Bestell-Nr. 10 551
KOHL VERLAG Der Verlag mit dem Baum
www.kohlverlag.de

Dd  Drache

Dora und Donald reisen. Der Hamster Didi reist mit.

O, Didi ist aus seinem Haus heraus. Wo ist Didi?

Hallo, der Hamster ist an der  Hose des

Nun saust er unter eine  im Raum.

Er eilt an Tante Idas Arm dahin. O, Didi, Didi!

Hui, da rennt er am Fenster hinan und ist munter.

Nun turnt er dort immer rund herum. Das ist toll!

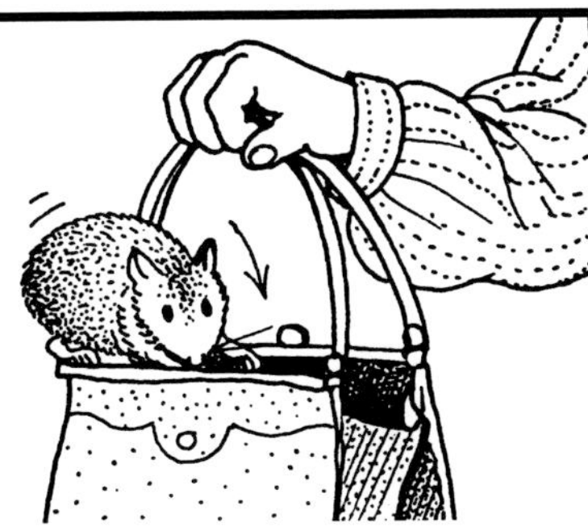

O, nun saust Didi hinunter in Tante Idas Tasche.

Und nun ist Didi wieder in seinem Haus. Armer Didi!

Die ABC-Lernwerkstatt - Band 4
Lesetexte zu jedem Buchstaben - Bestell-Nr. 10 551
KOHL VERLAG Der Verlag mit dem Baum
www.kohlverlag.de

ie  Riese

Sieben Wiesel
rennen auf der
Wiese.

2 Riesen lauern
am Wiesenrand.
Da, ein Wiesel!

Sie wollen ein
Wiesel holen.
Warte Wiesel!

Renne Wiesel, renne!
Rase Wiesel, rase!
Der Riese will ... !

2 Wiesel rennen
um einen Baum herum.
Dalli, dalli, Wiesel!

Die Wiesel rasen
wie der Wind
am Baum hinauf.

Der Riese will den 
rammen.
Die Wiesel sehen es.

Wums! 2 Wiesel
sausen in die
Hose des Riesen.

Aua! Aua! Aua!
Armer Riese!
Wiesel, toll, toll!

Die ABC-Lernwerkstatt - Band 4
Lesetexte zu jedem Buchstaben - Bestell-Nr. 10 551
KOHL VERLAG
www.kohlverlag.de

Ff  Fischer

Frieder rennt mit dem
Affen Fiffi an der Leine.
Fiffi ruft: „O, mein Hals,
mein Hals!“

Rums! Fiffi rennt nun
allein ins Dorf.
Frieder eilt hinter
Fiffi her.

Ein Auto rast daher.
Fiffi saust hinauf.
Frieder eilt hinter dem
Auto her.

Fiffi rast auf einen Baum.
Er turnt an einem Ast.
Frieder will Fiffi an
der Leine fassen.

Fiffi flieht in ein Haus.
Frieder hastet hinter Fiffi.
Oh nun ist Frieder
am Tor.

Im Hof nimmt Fanni
Fiffis Leine herunter.
Nun will Fiffi nur mit
Fanni tollen.

Fischers Fritz fischt frische Fische.
Frische Fische fischt Fischers Fritz.

Die ABC-Lernwerkstatt - Band 4
Lesetexte zu jedem Buchstaben - Bestell-Nr. 10 551
KOHL VERLAG
www.kohlverlag.de

ch

Lenchen ist im Haus.

Sie ruft: „O, eine Maus!

Eine Maus ist im Haus!

Was soll ich machen?“

Erich lacht und ruft:

„Tritt in den Eimer!“ Nun

ruft Lenchen: „Maus,

lauf aus dem Haus!“

Doch die Maus will

nicht aus dem Haus.

Sie rennt hinter Erich.

Sie will in seine Hose.

Erich ruft: „Aua, aua,

freche Maus, raus aus

meiner Hose!“

Nun lacht Lenchen.

Die ABC-Lernwerkstatt - Band 4
Lesetexte zu jedem Buchstaben - Bestell-Nr. 10 551
KOHL VERLAG
www.kohlverlag.de

ch

Was ist da los?

Die Sonne hoch am Himmel lacht.
Der Wachhund auf dem Hofe wacht.
Der Wichtel mit der Wachtel tollt.
Der Achim mit dem Roller rollt.

Der Wachhund am Himmel lacht.
Der Wichtel auf dem Hofe wacht.
Der Achim mit der Wachtel tollt.
Die Sonne mit dem Roller rollt.

Der Wichtel hoch am Himmel lacht.
Der Achim auf dem Hofe wacht.
Die Sonne mit der Wachtel tollt.
Der Wachhund mit dem Roller rollt.

Der Achim hoch am Himmel lacht.
Die Sonne auf dem Hofe wacht. Der
Der Wachhund mit der Wachtel tollt.
Der Wichtel mit dem Roller rollt.

Die ABC-Lernwerkstatt - Band 4
Lesetexte zu jedem Buchstaben - Bestell-Nr. 10 551
KOHL VERLAG Der Verlag mit dem Baum
www.kohlverlag.de

Sch sch

Schneemann

Winter

Es ist Winter. Am Fenster ist Eis.
Sascha und Uschi hauchen mit dem warmen Atem ein Loch ins Eis.
Sie schauen durch das Loch.
Sie sehen Schnee, einen Schneemann, eine Schneefrau und ein Schneekind.
Uschi ruft: „Schau, die Sonne scheint!"
Sascha meint: „Nun wird aus der Schneefamilie Wasser"! Warum?

Der Schneemann, der Schneemann
zieht niemals warme Hosen an.

Die ABC-Lernwerkstatt - Band 4
Lesetexte zu jedem Buchstaben - Bestell-Nr. 10 551
KOHL VERLAG Der Verlag mit dem Baum
www.kohlverlag.de

Sch sch  Uschi hilft

Sascha ist so matt.
Er ist nicht in der Schule.
Das ist schlimm.
Seine Schwester Uschi will
Sascha helfen.

„Willst Du Tee?
Willst Du Saft?"
Uschi holt Tee.
Sie holt auch Saft.
Sie eilt an Saschas  .

O weh! Da rammt Uschi
den Sessel. Rums!
Der Tee ist aus der Tasse!
O, ist das schade!

Doch Uschi holt rasch
anderen Saft.
Sascha ist froh.
Wenn er wieder fit ist,
will er mit Uschi tollen.

Die ABC-Lernwerkstatt - Band 4
Lesetexte zu jedem Buchstaben - Bestell-Nr. 10 551
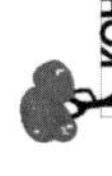
KOHL VERLAG
Der Verlag mit dem Baum
www.kohlverlag.de

Bb  Biber

Biber

Der Biber hat ein weiches, warmes Fell. Er lebt am Ufer des Wassers. Er ist ein Wasser-Tier. Oft baut er einen Damm in den Bach. Dann wird aus dem Bach ein See. Manchmal baut er dort Bauten, die 2 bis drei Meter hoch sind.

Am liebsten frisst der Biber die Rinde des Baumes. Er sucht sein Fressen meist in der Nacht.

Der Biber, der Biber,
der hat auch manchmal Fieber.

Die ABC-Lernwerkstatt - Band 4
Lesetexte zu jedem Buchstaben - Bestell-Nr. 10 551
KOHL VERLAG
www.kohlverlag.de

Gg  Gans

Gerda hat Geburtstag.

Gabi, Greti und Gundi
sind eingeladen.

Sie singen:
„Alles Gute, liebe Gerda!
Bleib froh und gesund!“

Greti gibt Gerda
bunte Blumen.

Gabi gibt Gerda
ein gutes Buch.

Gundi gibt Gerda
einen gelben Ball.

Gerda bringt die Torte.
Sie feiern froh.

Gi-ga-ga, gi-ga-ga,
sind meine Gänschen alle da?

Die ABC-Lernwerkstatt - Band 4
Lesetexte zu jedem Buchstaben - Bestell-Nr. 10 551
www.kohlverlag.de

Eu eu  Eule

Die Eule

Im Hof ist eine Scheune.

In der Scheune ist Heu.

Aus der Scheune ruft es: „U-schu-schu!“

Horch, wer heult da?

Es ist eine Eule.

Sie will fressen.

Eulen fangen die Beute in der Nacht.

Oft fangen sie eine Maus,

eine Ratte, einen Hasen oder

eine Fledermaus.

Die Eule, Eule
nahm Abschied mit Geheule.

Die ABC-Lernwerkstatt - Band 4
Lesetexte zu jedem Buchstaben - Bestell-Nr. 10 551
KOHL VERLAG
www.kohlverlag.de

Pp  Puppe

Alle meine Puppen

Meine Puppe Pralli finden alle so nett. Meine Puppe Prelli sagt sogar „Papa“ und „Mama“. Meine Puppe Prilli singt: „Alle meine Entchen...“
Meine Puppe Prolli trippelt allein herum.
Meine Puppe Prulli ist nicht so nett wie Pralli. Sie redet nicht wie Prelli. Sie singt nicht wie Prilli. Sie trippelt nicht wie Prolli.
Aber sie ist doch meine liebste Puppe.

Ach meine Puppe
will nicht essen die Suppe.

Die ABC-Lernwerkstatt - Band 4 - Lesetexte zu jedem Buchstaben - Bestell-Nr. 10 551
KOHL VERLAG Der Verlag mit dem Baum www.kohlverlag.de

Dehnungs-h 

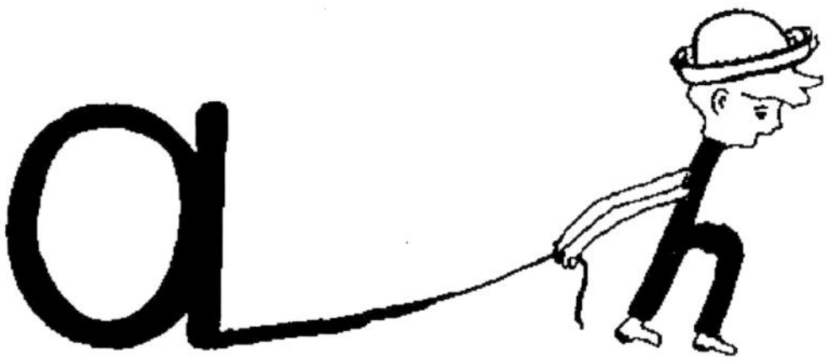

Das Dehnungs-h dehnt a
in Sahne, Fahne, Hahn,
in Rahmen und auch Bahn.

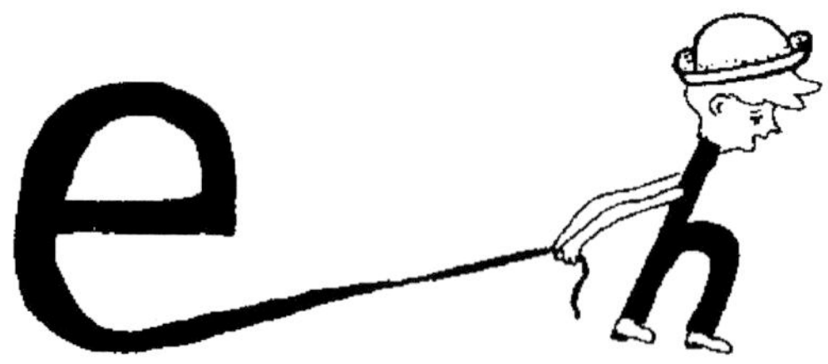

Das Dehnungs-h dehnt e
in Lehrer, Fehler, Lehne,
in Ehre, Mehl und Sehne.

Das Dehnungs-h dehnt i
in ihren, ihrem, ihm,
in ihnen, ihr und ihn.

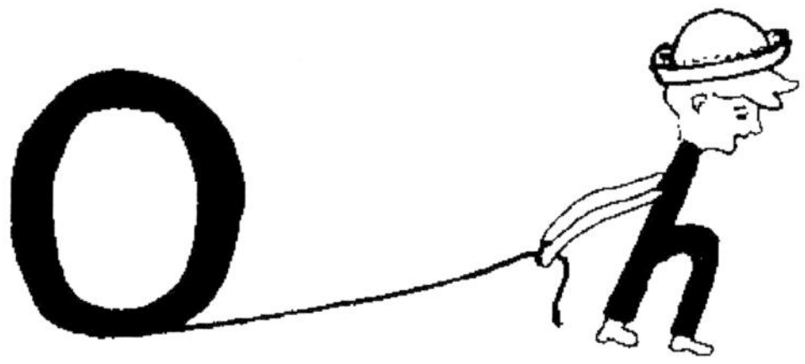

Das Dehnungs-h dehnt o
in Wohung, Kohle, Ohr,
in Sohn und Lohn und Rohr.

Das Dehnungs-h dehnt u
in Huhn und Uhr und Schuh,
in Ruh und muh und Kuh.

Pah, peh, pih, poh, puhn,
da reist ein gelbes Huhn
mit einem roten Hahn
mit der Eisenbahn.

**Das Dehnungs-h dehnt immerzu
die Laute a, e, i, o, u.**

Die ABC-Lernwerkstatt - Band 4 - Lesetexte zu jedem Buchstaben - Bestell-Nr. 10 551
KOHL VERLAG Der Verlag mit dem Baum www.kohlverlag.de

Kk  Kasperle

Kasperle ist da

Kasperle:	Guten Tag, Kinder!
	Ich bin das Kasperle!
	Sind alle Kinder da?
Kinder:	Alle Kinder sind da!
Kasperle:	Ist Karina da?
Kinder:	Karina ist da!
Kasperle:	Ist auch Konrad da?
Kinder:	O, Konrad ist nicht da!
Kasperle:	Kinder, ich kann singen:
	Tralala, tralala.
	Kasperle ist eben da!
	Tralala, Tralala Kasperle ist da!
	Nun singt alle mit!
Kinder:	Tralala, Tralala Kaperle ist eben da!
Kasperle:	Fein, Kinder, fein!
	1, 2, 3 - alle sind dabei!
	Kinder redet alle mit!
Kinder:	1, 2, 3 - alle sind dabei.
Kasperle:	Nun ist alles aus - und wir geh`n nach Haus.

Kasperle macht dumme Sachen -
und wir Kinder lachen, lachen.

Die ABC-Lernwerkstatt - Band 4
Lesetexte zu jedem Buchstaben - Bestell-Nr. 10 551
KOHL VERLAG
www.kohlverlag.de

Ää Öö Üü Äu äu

1	Aus einer Gans	wird	ein Gänschen.
2	Aus einem Affen	wird	ein Äffchen.
3	Aus einem Ohr	wird	ein Öhrchen.
4	Aus einer Rose	wird	ein Röschen.
5	Aus einer Blume	wird	ein Blümlein.
6	Aus einem Buch	wird	ein Büchlein.
7	Aus einem Haus	wird	ein Häuschen.
8	Aus einem Auge	wird	ein Äuglein.

.. | chen | lein

„Punkte“, „chen“, und „lein“
machen die Dinge klein.

Die ABC-Lernwerkstatt - Band 4
Lesetexte zu jedem Buchstaben - Bestell-Nr. 10 551
KOHL VERLAG Der Verlag mit dem Baum
www.kohlverlag.de

Jj  Jäger

Julia malt das Rind, den Jak,
mit gelbem Schlips und rotem Frack.
Sie malt noch einen Jäger drauf,
der reitet froh den Berg hinauf.
Da bleiben alle Jungen stehn,
um den Jak mit rotem Hut zu sehn,
und den Jäger mit dem grünen Hut.
Ach, der steht dem Jäger gut!

Jeder Jäger jagt junge Hasen gern.
Gern jagt jeder Jäger junge Hasen.

Die ABC-Lernwerkstatt - Band 4
Lesetexte zu jedem Buchstaben - Bestell-Nr. 10 551
KOHL VERLAG Der Verlag mit dem Baum
www.kohlverlag.de

ß  Floß

Die kleine Raupe Nimmersatt

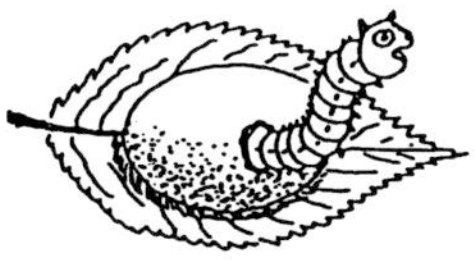

Die kleine Raupe Nimmersatt
kroch aus einem Ei.

Am Montag fraß sie sich
durch einen Apfel.

Am Dienstag fraß sie sich
durch 2 Birnen.

Am Mittwoch fraß sie sich
durch drei Pflaumen.

Am Donnerstag fraß sie sich
durch 4 Erdbeeren.

Am Freitag fraß sie sich durch
fünf Apfelsinen.

Am Samstag fraß sie alles
durcheinander und wurde krank.

Am Sonntag fraß sie nur ein Blatt.
Da ging es ihr wieder besser.

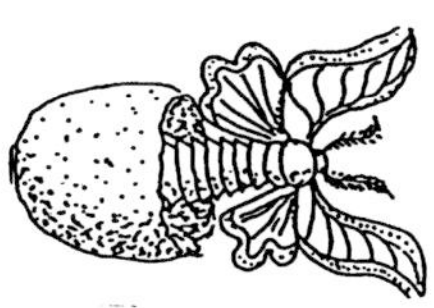

Sie spann sich in einen Kokon ein und
kam später als Schmetterling heraus.

(nach Eric Carle „Die kleine Raupe Nimmersatt“ gekürzt und angepasst)

Die ABC-Lernwerkstatt - Band 4
Lesetexte zu jedem Buchstaben - Bestell-Nr. 10 551
KOHL VERLAG Der Verlag mit dem Baum
www.kohlverlag.de

St st Sp sp

Die Tiere feiern ein Fest

Wir feiern heut ein Fest.
„Juchhei!“, sprach der Papagei.

„Was werden wir speisen?“,
fragten die Meisen.

„Strudel!“,
sprach der Pudel.

„Spiegeleier!“,
sprach der Geier.

„Speiseeis!“,
sprach die Geiß.

„Was werden wir trinken?“,
fragten die Finken.

„Bier!“,
sprach der Stier.

„Nein, Wein!“,
sprach das Schwein.

„Wir feiern alle froh“,
sprach der Floh.

(Volksgut angepasst)

Die ABC-Lernwerkstatt - Band 4
Lesetexte zu jedem Buchstaben - Bestell-Nr. 10 551
KOHL VERLAG Der Verlag mit dem Baum
www.kohlverlag.de

Pf pf  Pferd

Abba, dabba, dast,
am Baume wächst ein Ast.

Abba, dabba, dapfel,
am Ast, da hängt ein Apfel.

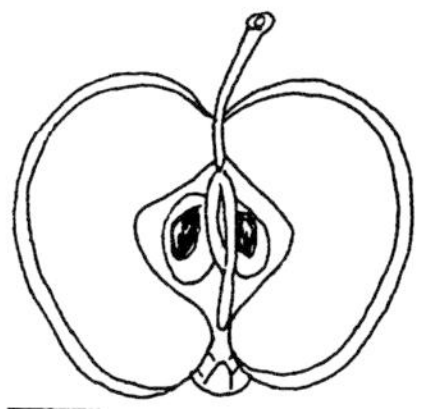

Abba, dabba, dapfeldale,
der Apfel hat eine Apfelschale.

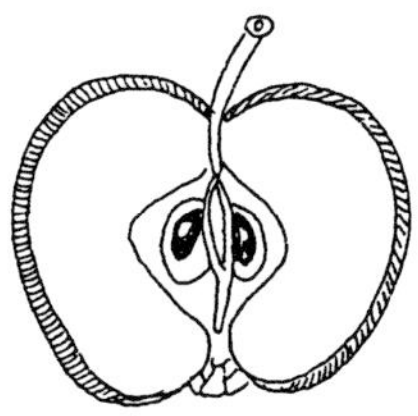

Abba, dabba, dapfeldaus,
der Apfel hat ein Apfelhaus.

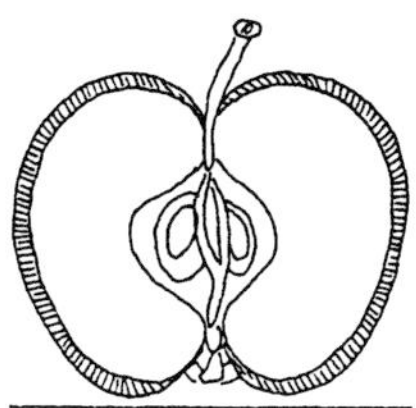

Im Apfelhaus sind Kernelein
drin schlafen Apfelbäumelein.

Und die wollen wachsen.

Wie kannst Du helfen?

Pferde laufen im Galopp
mit dem Reiter hopp-hopp-hopp!

Die ABC-Lernwerkstatt - Band 4
Lesetexte zu jedem Buchstaben - Bestell-Nr. 10 551
KOHL VERLAG
www.kohlverlag.de

Vv  Vater

Volker malt ein Bild zum Verschenken

Für Vater malt er
eine große Villa.

Für Mutter malt er
Blumen in der Vase.

Für Vera malt er
blaue Veilchen.

Für Verena malt er
kleine Vergissmeinnicht.

Und für Viktor malt er
ein Vogelhaus.
Die Beschenkten freuen sich.

Den Vater nennt man auch Papa,
ob er fern ist oder nah.

Die ABC-Lernwerkstatt - Band 4
Lesetexte zu jedem Buchstaben - Bestell-Nr. 10 551
KOHL VERLAG Der Verlag mit dem Baum
www.kohlverlag.de

Zz

Zauberer

Der Zauberer Zambalu

Ich bin der Zauberer Zambalu
und trage einen schwarzen Schuh.
Ich zaubere ganz schöne Sachen,
die den Kindern Freude machen
Wie das geht?   Seht!

Hokus-pokus-takus-taus,
jetzt zaubere ich dir eine Maus.
Zzz! Da ist die Maus!

Hokus-pokus-wokus-wesel,
nun zaubere ich dir einen Esel.
Zzz! Da ist der Esel!

Hokus-pokus-schokus-schort,
nun reit ich auf dem Esel fort.
Tschüss, Kinder!

Was würdest Du zaubern,
wenn Du der Zauberer Zambalu wärst?

Die ABC-Lernwerkstatt - Band 4
Lesetexte zu jedem Buchstaben - Bestell-Nr. 10 551
KOHL VERLAG Der Verlag mit dem Baum
www.kohlverlag.de

tz tz

Am Morgen

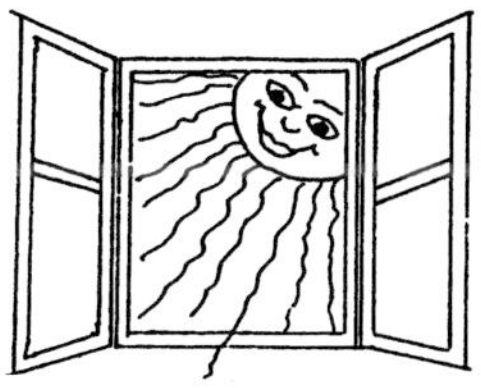

Am Morgen hört Fritz die Sonne rufen:
Lass frische Luft und Sonnenschein
in dein Zimmer hinein.

Er hört das Wasser plätschern:
Lieber Fritz komm wasch mit Lust
Gesicht und Ohren, Hals und Brust!

Das Handtuch hört er rufen:
Trockne ab dich wie der Blitz,
dann bist du sauber, lieber Fritz!

Er hört die Zahnbürste flüstern:
Willst du deine Zähne nutzen,
musst du sie recht gründlich putzen!

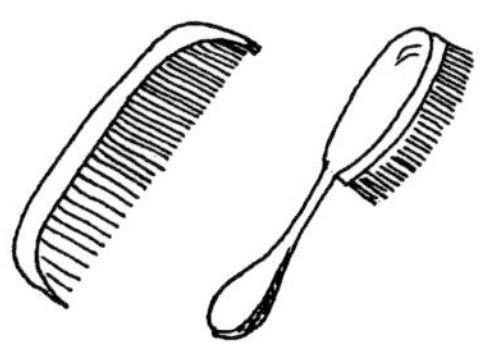

Den Kamm hört er sprechen:
Ich kämme schnell dein Haar,
dass es glänzt ganz wunderbar.

Er hört die Kleider rufen:
Bei schönen Wetter zieh nur leicht dich an,
bei schlechtem Wetter wärmer dann!

Fritz sagt: „Rein sein ist gesund und schön."
Ich will jetzt schnell zur Schule geh`n.

Katzen können kratzen
mit ihren scharfen Tatzen.

Die ABC-Lernwerkstatt - Band 4
Lesetexte zu jedem Buchstaben - Bestell-Nr. 10 551
www.kohlverlag.de

Xx lesen wir wie ks

Alex, Fritz und auch der Fox
sitzen in der Wasserbox.

Der liebe kleine Maxi
fährt in einem Taxi.

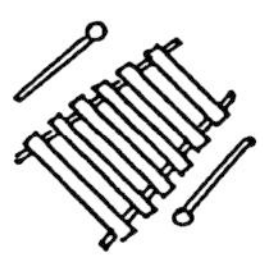

Xaver bläst das Saxophon
und Xenia übt am Xylophon.

Mein Vetter Xaver Kling
boxt im Boxerring.

Die alte Hexe Schlabberhut
trägt einen spitzen Hexenhut.

Die schöne Nixe Dixe
steigt aus dem See Babixe.

Max liest im Lexikon für
Kinder
von Axel bis Zylinder.

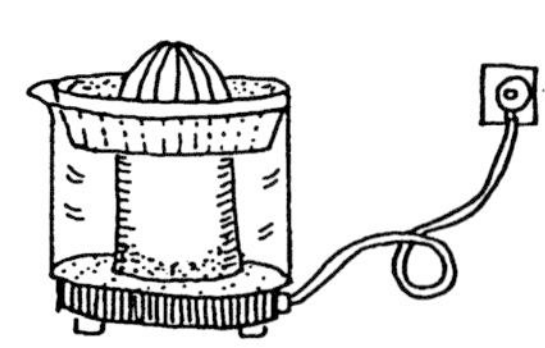

Der neue Mixer mixt
geschwind
feinen Obstsaft für das Kind.

Die ABC-Lernwerkstatt - Band 4
Lesetexte zu jedem Buchstaben - Bestell-Nr. 10 551
KOHL VERLAG
Der Verlag mit dem Baum
www.kohlverlag.de

Cc  Cowboy

Christian, der Cowboy

Christian liest eine
Cowboy-Geschichte.
Da kommt ihm die Idee,
auch ein Cowboy zu sein.
Mutters Strohhut ist sein Cowboy-Hut,
Vaters kariertes Hemd ist sein Cowboy-Hemd.
Vaters Stiefel sind seine Cowboy-Stiefel.
Das Wäscheseil ist sein Lasso.
Damit will er die Rinder einfangen.
Nun steigt er auf sein Schaukelpferd,
und reitet durch die Prärie.
Er denkt sich auch noch viele
Cowboy-Spiele aus.

Der Cowboy reitet im Galopp:
Hopp-hopp, hopp-hopp, hopp-hopp, hopp.

Die ABC-Lernwerkstatt - Band 4
Lesetexte zu jedem Buchstaben - Bestell-Nr. 10 551
www.kohlverlag.de

Cc  Clown

Was trägt der Clown auf seinem Kopf?
Einen blauen Blumentopf
trägt der Clown auf seinem Kopf.

Was trägt der Clown auf seiner Stirn?
Eine kleine, gelbe Birne
trägt der Clown auf seiner Stirn.

Was trägt der Clown an seinem Ohr?
Einen bunten Blumenflor
trägt der Clown an seinem Ohr.

Was trägt der Clown an einer Schnur?
Eine schöne, goldne Uhr
trägt der Clown an einer Schnur.

Was trägt der Clown in seiner Hand?
Einen Eimer voller Sand
trägt der Clown in seiner Hand.

Was trägt der Clown an seiner Hose?
Eine dunkle rote Rose
trägt der Clown an seiner Hose.

Was trägt der Clown auf seinem Schuh?
Eine kleine, bunte Kuh
trägt der Clown auf seinem Schuh.

So ist der kleine, bunte Clown
gar närrisch lustig anzuschaun.

Die ABC-Lernwerkstatt - Band 4 - Lesetexte zu jedem Buchstaben - Bestell-Nr. 10 551
KOHL VERLAG www.kohlverlag.de

Qu qu  Quadrat

Reimen macht Spaß!

Ein Quirl ist keine Qualle.
Eine Qualle ist keine Falle.
Eine Falle ist keine Quelle.
Eine Quelle ist keine Welle.
Eine Welle ist keine Quaste.
Eine Quaste ist keine Taste.
Eine Taste ist keine Quitte.
Eine Quitte ist keine Bitte.
Eine Bitte ist kein Quark.
Der Quark ist kein Park.
Ein Park ist kein Quadrat.
Ein Quadrat ist kein Rad.
Ein Rad ist kein Qualm.
Der Qualm ist kein Halm.
Ein Halm ist kein Quast.
Ein Quast ist kein Gast.
Ein Gast ist kein Quartett.
Und du bist einfach nett.

Vier Ecken hat das Quadrat.
Keine Ecken hat das Rad.

Die ABC-Lernwerkstatt - Band 4
Lesetexte zu jedem Buchstaben - Bestell-Nr. 10 551
KOHL VERLAG Der Verlag mit dem Baum
www.kohlverlag.de

Yy wird wie ü oder wie i ausgesprochen

Evelyn hat bald Geburtstag

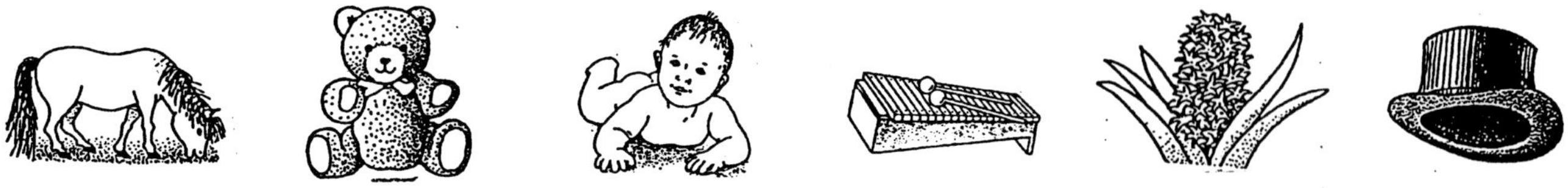

Sie wünscht sich ein Pony zum Reiten,
einen Teddybär zum Kuscheln,
eine Babypuppe zum Anziehen
und ein Xylophon zum Musizieren.
Schon kommen ihre Freundinnen,
Sybille, Betty, Fanny, und Lydia.
Sie schenken aber kein Pony,
keinen Teddybär, keine Babypuppe und
kein Xylophon. Sie schenken Evelyn einen
Strauß Hyazinthen und einen Zylinderhut.
Evelyn freut sich. Sie spielt den Zauberer
Ypsilon und zaubert tolle Sachen aus
dem Zylinderhut.

Y Das Ypsilon, das Ypsilon,
das finden wir im Lexikon.

Die ABC-Lernwerkstatt - Band 4 - Bestell-Nr. 10 551
Lesetexte zu jedem Buchstaben
KOHL VERLAG Der Verlag mit dem Baum
www.kohlverlag.de

Ai ai

Ich war in einem fernen Land.
Das Land ist allen unbekannt.

Da lief der Brotlaib auf der Kuh.
Der Mais wuchs aus des Kaisers Schuh.

Ein Haifisch schwamm auf einem Haus.
Mit Geigensaiten spielte eine Maus.

Ein grüner Hain wuchs auf der Katz`
und Waisenkinder ritten auf dem Spatz.

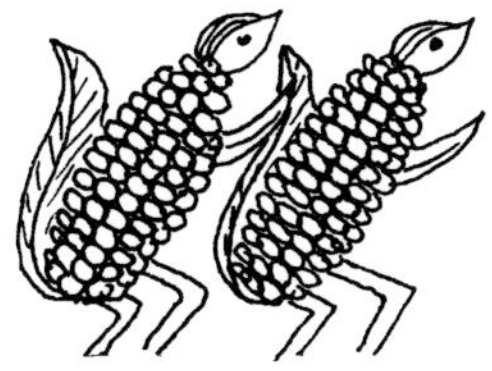

Maiglöckchen blühten in dem Sand
und Maiskolben liefen durch das Land.

Ein Maikäfer sang froh am Straßenrain.
Der Wind blies Maismehl in den Hain.

Rote Kaiser wuchsen auf den Bäumen.
Wie konnt ich nur so albern träumen!

Die ABC-Lernwerkstatt - Band 4
Lesetexte zu jedem Buchstaben - Bestell-Nr. 10 551
www.kohlverlag.de

Hans hatte sieben Jahre bei einem Herren gedient.
Als Lohn bekam er einen großen Klumpen Gold.
Er wickelte ihn in ein Tuch ein
und machte sich auf den Weg nach Hause.

Bald wurde ihm der Klumpen schwer.
Deshalb tauschte er ihn gegen ein
Reitpferd ein. Er war glücklich.

Doch das Reitpferd warf ihn ab.
Darum tauschte er es gegen eine Kuh
ein und war zufrieden.

Leider wollte ihm die Kuh keine Milch
geben, so tauschte er sie gegen ein
Schwein ein und freute sich über den
Tausch.

Das Schwein gab ihm nicht sofort
Fleisch und Wurst. Aus diesem
Grund tauschte er es gegen eine Gans ein.

Bald darauf traf Hans einen fröhlichen
Schleifer. Er kam mit ihm ins Gespräch und
tauschte die Gans gegen einen Schleifstein ein.

An einem Brunnen wollte er trinken.
Da plumpste der Stein in den Brunnen.
Nun war Hans frei von aller Last.
Glücklich lief er zu seiner Mutter.

(Grimms Märchen gekürzt und angepasst)

Die ABC-Lernwerkstatt - Band 4
Lesetexte zu jedem Buchstaben - Bestell-Nr. 10 551
KOHL VERLAG Der Verlag mit dem Baum
www.kohlverlag.de

Weitere, im Kohl-Verlag erhältliche Produkte zum Lesen lernen:

Diese ganz neuen ABC-Lernwerkstätten sind hervorragendes Ergänzungsmaterial zu Ihrer Fibel. Sie können die sehr liebevoll gestalteten und mit zahlreichen Illustrationen versehenen Kopiervorlagen aber auch fibelunabhängig im ABC-Unterricht einsetzen. Sie dienen der schrittweisen Einführung aller Buchstaben und Laute, bereiten das Lesen lernen auf spielerische Art und Weise vor und schließen mit dem Band 4 das Erlernen des Lesevorgangs ab. Diese Lernwerkstätten bieten Ihnen die ideale und kindgerechte Grundlage für Ihren Erstklassunterricht!

56 Kopiervorlagen
Nr. 10 550 16,80 €

Die ABC-Lernwerkstatt (Band 1)

Die in Band 1 vorgestellten **Unterrichtsbeispiele zu den ersten Schulwochen** dienen als Verbindungsbrücke zwischen dem vorschulischen Spiel und dem planmäßigen Lesen lernen. Über **Geschichten, Reime, Spiele, Lieder usw.** werden die Schüler für Laute und Buchstaben mit ihrem Zusammenspiel sensibilisiert. Dabei wird Sprache von den Lauten über die Wörter bis hin zu ganzen Sätzen erklärt.

Beispielseite aus: ABC-Lernwerkstatt / Band 1

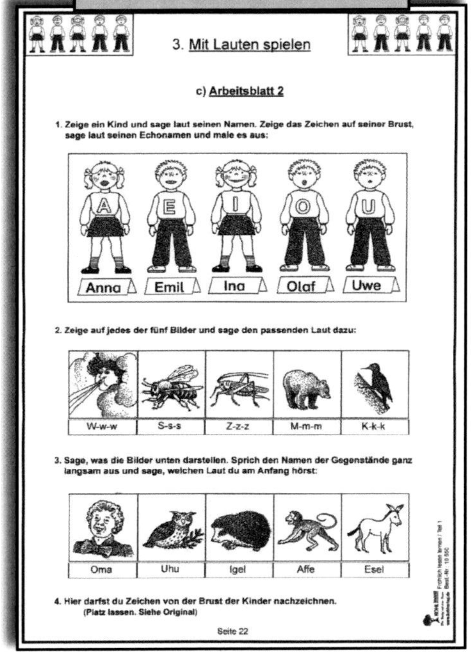

3. Mit Lauten spielen

c) Arbeitsblatt 2

1. Zeige ein Kind und sage laut seinen Namen. Zeige das Zeichen auf seiner Brust, sage laut seinen Echonamen und male es aus:

Anna Emil Ina Olaf Uwe

2. Zeige auf jedes der fünf Bilder und sage den passenden Laut dazu:

W-w-w S-s-s Z-z-z M-m-m K-k-k

3. Sage, was die Bilder unten darstellen. Sprich den Namen der Gegenstände ganz langsam aus und sage, welchen Laut du am Anfang hörst:

Oma Uhu Igel Affe Esel

4. Hier darfst du Zeichen von der Brust der Kinder nachzeichnen. (Platz lassen. Siehe Original)

Seite 22

52 Kopiervorlagen
Nr. 10 517 16,80 €

Die ABC-Lernwerkstatt (Band 2)

Band 2 beinhaltet 52 Arbeitsblätter zur **schrittweisen Einführung aller Laute und Buchstaben**. Dabei steht jeweils ein Erzählbild am Anfang, das die Fantasie der Schüler anregen soll. Der neue Buchstabe wird eingeführt und über Bilder in einem Wort geübt. Die Schüler sollen darin die Lautposition angeben. Ein Reim zum Schluss soll den Laut/Buchstaben festigen und vertiefen. Den Abschluss bilden das **Buchstabenhaus** und ein **ABC-Spiel**.

50 Kopiervorlagen
Nr. 10 555 16,80 €

Die ABC-Lernwerkstatt (Band 3)

Band 3 enthält weitere **Unterrichtsbeispiele zur Einführung der verschiedenen Laute/Buchstaben und ihrer Schriftzeichen**. Dabei werden über ansprechende Bilder und Erzählgeschichten **vielfältige Erarbeitungsmöglichkeiten** geboten bis hin zu **einfachen Lesetexten**. Die Kopiervorlagen enthalten interessante Schülermaterialien und viel Fachwissen, das den Schulalltag froher, bunter und lebendiger gestalten wird. Dies trägt zum fantasievollen Erleben eines abstrakten Stoffes bei.

Beispielseite aus: ABC-Lernwerkstatt / Band 2

Name: Seite 5

Bb

Aufgabe 1:

Aufgabe 2:

Ich bin der Bri-Bra-Brezelbäcker.
Ich backe Brezeln, knusprig lecker.
Ich back` auch braune Brötchen fein
und lade dich zur Brotzeit ein.
Und wenn du mich dann kommst besuchen
kriegst du als Nachtisch Birnenkuchen!

50 Kopiervorlagen
Nr. 10 551 16,80 €

Die ABC-Lernwerkstatt (Band 4)

Der letzte Band der ABC-Lernwerkstätten beinhaltet eine **reiche Auswahl an unterhaltsamen und kindgemäßen Lesetexten** mit vielen ansprechenden Zeichnungen zu jedem Buchstaben. Die Kopiervorlagen sind **weiteres ergänzendes Übungsmaterial** zu dem erlernten Stoff der ersten drei Bände. Oder sie dienen zur Erweiterung Ihres eigenen Leseunterrichtes.

Weitere, im Kohl-Verlag erhältliche Produkte zum Lesen lernen:

20 Kopiervorlagen

Nr. 10 116 10,- €

Lustige Lese-Mal-Geschichten

Diese **18 kurzen Tier- und Alltagsgeschichten** laden zum Lesen ein! Jedes Arbeitsblatt ist in vier Bereiche aufgeteilt: **Lesen des Textes, Reflexionsaufgaben, passendes Bild zum Text (zum Ausmalen) und richtig zu beantwortende Impulsfragen**. Sinnerfassendes Lesen wird trainiert. **Kopiervorlagen mit Lösungen, einsetzbar ab dem 2. Schuljahr.**

Beispielseite aus: Lustige Lese-Mal-Geschichten

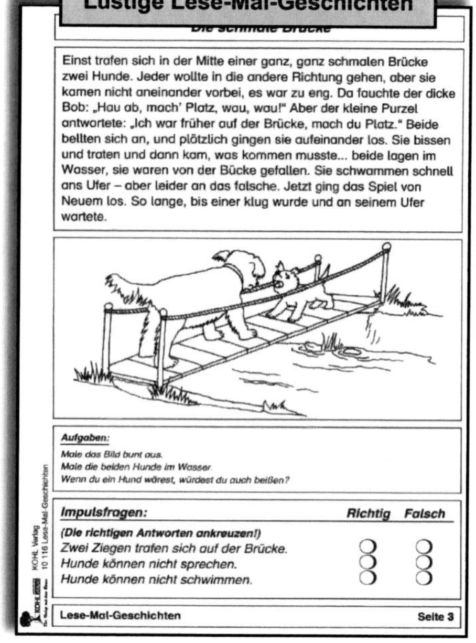
Einst trafen sich in der Mitte einer ganz, ganz schmalen Brücke zwei Hunde. Jeder wollte in die andere Richtung gehen, aber sie kamen nicht aneinander vorbei, es war zu eng. Da fauchte der dicke Bob: „Hau ab, mach' Platz, wau, wau!“ Aber der kleine Purzel antwortete: „Ich war früher auf der Brücke, mach du Platz.“ Beide bellten sich an, und plötzlich gingen sie aufeinander los. Sie bissen und traten und dann kam, was kommen musste... beide lagen im Wasser, sie waren von der Bücke gefallen. Sie schwammen schnell ans Ufer – aber leider an das falsche. Jetzt ging das Spiel von Neuem los. So lange, bis einer klug wurde und an seinem Ufer wartete.

Aufgaben:
Male das Bild bunt aus.
Male die beiden Hunde im Wasser.
Wenn du ein Hund wärest, würdest du auch beißen?

Impulsfragen: *(Die richtigen Antworten ankreuzen!)*	*Richtig*	*Falsch*
Zwei Ziegen trafen sich auf der Brücke.	○	○
Hunde können nicht sprechen.	○	○
Hunde können nicht schwimmen.	○	○

Lese-Mal-Geschichten Seite 3

20 Kopiervorlagen

Nr. 10 181 10,- €

20 Geschichten zum Weitermalen

Band 1 (1.-2. Schuljahr)

Die Arbeitsblätter enthalten **kurze, lustige Texte**, eine dazugehörige **unfertige Zeichnung und Malanweisungen**. Sie sollen die **Konzentrationskraft** und **Lesefertigkeit** der Kinder stärken und durch die Zeichnung die **Fantasie** der Kinder anregen. Die Texte eignen sich auch hervorragend als Vorlage zur Aufsatzerziehung oder als Grundlage für Diktate. Freiarbeitsmaterial zum Einsatz im Klassen- und Förderunterricht im 1.-2. Schuljahr.

Beispielseite aus: 20 Geschichten zum Weitermalen

Das Äffchen

Im Zoo ist was los! Ein Äffchen ist aus dem Käfig ausgerissen. Es turnt in der Eiche herum und lacht den Zoowärter aus. Alles Locken und Schimpfen ist umsonst, das Äffchen will nicht mehr zurück in den Käfig. Es sitzt hoch oben auf einem Ast und zeigt allen Leuten unten den Vogel.

Schließlich zuckt der Wärter die Achseln. „Wenn es hungrig ist, wird es schon herunterkommen!“

36 Kopiervorlagen

Nr. 10 681 11,80 €

20 Geschichten zum Weitermalen

Band 2 (3.-4. Schuljahr)

Die brandneue Fortsetzung des seit Jahren bewährten Bandes 20 Geschichten zum Weitermalen. Wieder enthalten die Arbeitsblätter **lustige Texte** und eine **unfertige Zeichnung**, die vom Schüler vervollständigt wird. Diesmal enthalten die Arbeitsblätter aber **zusätzlich auch kurze, abwechslungsreiche Übungen zur Rechtschreibung**. Freiarbeitsmaterial zum Einsatz im Klassen- und Förderunterricht im 3.-4. Schuljahr.

Erscheint Ende 2005

13 Kopiervorlagen

Nr. 10 491 8,50 €

Lesetraining im 1. Schuljahr mit der Familie Pinguin

12 entzückende Lese-Übungen rund um die Familie Pinguin. Die ganz einfachen Übungen motivieren die Schüler zu ersten Lese-Erfahrungen. Das Material ist auch bestens geeignet für den Förderunterricht. Mit Lösungen zu allen Aufgaben!

Beispielseite aus: Lesetraining 1. Sj. / Familie Pinguin

„Hurra!“, schreit Papa Pinguin begeistert. „Meine beiden Kinder sind da! Schaut alle her! Sind sie nicht niedlich?“

Mama Pinguin kommt herbei. Auch sie ist glücklich. „Wie sollen unsere Kinder heißen?“, fragt sie.

„Hans!“ „Susanne!“ „Reiner!“ „Gudrun!“, rufen die anderen Pinguine.

Papa Pinguin schüttelt seinen Kopf. „Sie sollen Pingo und Pira heißen.“

Fragen:

Papa Pinguin freut sich über seine Kinder.	☐ ja	☐ nein
Mama Pinguin ist auch dabei.	☐ ja	☐ nein
Die kleinen Pinguine heißen Max und Ira.	☐ ja	☐ nein
Die kleinen Pinguine heißen Pingo und Pira.	☐ ja	☐ nein

Auftrag:

Lest die Geschichte mit verteilten Rollen! Ein Kind ist der Papa, eines die Mutter, und vier Stimmen der anderen Pinguine müssen verteilt werden.